ML01596497

Dieses Buch gehört:

....

ISBN 978-3-8000-5281-3
Alle Urheberrechte, insbesondere das Recht der Vervielfältigung,
Verbreitung und öffentlichen Wiedergabe in jeder Form,
einschließlich einer Verwertung in elektronischen Medien,
der reprografischen Vervielfältigung, einer digitalen Verbreitung
und der Aufnahme in Datenbanken, ausdrücklich vorbehalten.
Gesetzt nach der derzeit gültigen Rechtschreibung
Reihenlogo von Peter Friedl
Illustrationen von Sabine Lohf
Satz und Layout: HP Buchdesign
Copyright © 2007 by Verlag Carl Ueberreuter, Wien
Printed by Tlačiarne BB s.r.o., Slovakia
1 3 5 7 6 4 2

Ueberreuter im Internet: www.ueberreuter.at

Pitt, der kleine Pirat

Text und Illustrationen
von Sabine Lohf

UEBERREUTER

Pitt möchte am liebsten ein  sein.

Als braucht man: ein ,

einen  und eine  mit einem

gefährlichen  darauf.

 Pirat    Boot    Säbel    Fahne    Zeichen

Das kann auch eine Zahl sein oder

sogar ein wildes  . Pitt hat aber

kein  , keine und noch nicht

einmal eine  für sein  .

Tier   Klappe   Auge

Doch zum Glück kennt Pitt Benno.

Benno ist ein alter  , ein Seebär,

mit einem weißen  .

Bär   Bart   Welt   Haus   Fluss   Ruderboot   Katze   Hut

Früher ist Benno um die ganze

gesegelt. Jetzt wohnt er in einem

kleinen  unten am 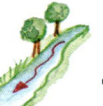 . Benno

hat ein  , eine  und einen

 von einem echten  en.

7

Manchmal besucht Pitt Benno.

Wenn die  scheint, setzen sie

sich auf die  im  .

 Sonne Bank  Augen  Wellen  Ruder  Meer

Dann erzählt Benno  engeschichten

und Pitt schließt die  .

Er hört, wie die  an das

klatschen und die  knarren. Das

klingt dann so echt wie auf dem   .

Heute will Pitt Benno fragen, wie er

endlich ein richtiger   werden kann.

 „Um  zu werden, musst du mutig

sein", sagt Benno. „Und natürlich musst

du erst einmal einen   finden.

Vielleicht kann ich dir dabei helfen."

Benno holt eine alte  aus  .

Sie ist mit einer  und einem

versehen.

Schatz   Schachtel   Holz   Kette   Schloss

Benno öffnet das mit einem

 und zieht ein aufgerolltes

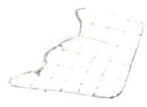 aus der  .

Eine  ! Pitt ist ganz aufgeregt.

Auf der  ist ein  zu sehen.

Und eine  .

Benno kennt die  .

„Sie liegt etwas  abwärts, nicht weit

vom  .

Wollen wir heute  hinrudern?"

 Schlüssel    Papier   Karte    Insel   Ufer   Abend

Ja, das möchte Pitt.

Er fährt schnell mit dem  zu

Mama und Papa und sagt, dass er heute

 endlich wird.

 Fahrrad Nacht Kuss  Gartentor  Schaufel  Schuppen

Mama und Papa finden das gut.

Pitt gibt beiden einen  und läuft

durchs  .

Halt, die  ! Sie steht im  .

Die  braucht Pitt, um den

auszugraben.

Am  steigen Benno und Pitt

ins  .

Nach einer Weile sehen sie die  .

 blinken durch die  .

 Lichter    Bäume    Schilf    Seil    Stein

Ob schon andere  auf der

 sind?

Leise rudert Benno durch das  .

Am  bindet Pitt das  mit

einem  an einem dicken

fest.

Dann schleichen beide durch die

 . Benno zündet eine  an.

So können sie die  besser sehen.

Sie sehen darauf einen  und ein

blaues .

Da muss der  sein!

Pitt fasst Benno an der 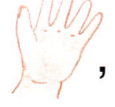 ,

als sie den  suchen.

„Da, eine  ", flüstert Pitt.

„Ein alter  ", sagt Benno.

 Büsche  Kerze  Turm Kreuz Hand  Weg  Mauer 19

Sie laufen zu dem  und rütteln an

der 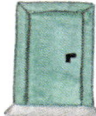 . Die 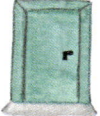 ist verschlossen.

Es ist ganz still.

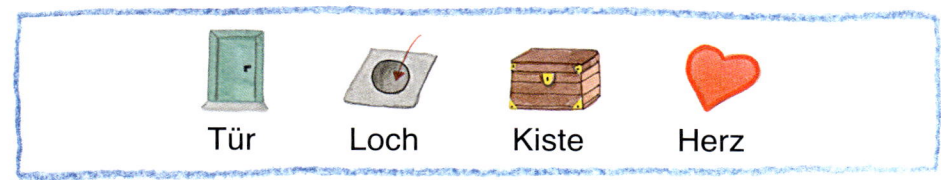

Tür   Loch   Kiste   Herz

Mit der  gräbt Pitt ein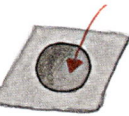

neben dem 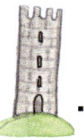 .

Plötzlich stößt er auf etwas Hartes.

Es ist eine  .

Sein  schlägt ganz heftig.

Benno hilft Pitt, die  aus der

 zu ziehen.

Die  steht jetzt genau vor Pitts

 .

Der  scheint durch die  .

Pitts   zittern, als er den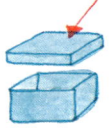

der  öffnet.

Oben in der  liegt ein Stück  .

Pitt zieht den dunklen  heraus.

         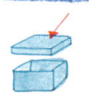   

Erde   Füße   Mond   Hände   Deckel   Stoff   23

Es ist eine  🚩 , schwarz mit einem

weißen 💀 darauf.

„Ein Totenkopf", flüstert Pitt.

| Schädel | Beutel | Brief | Münzen |

Unter der   liegen noch ein  ,

eine  für das  und ein  .

Pitt zieht einen  aus dem

Und dazu noch drei goldene  .

Pitt ist ganz aufgeregt.

Benno öffnet den  mit einem

 . In dem  steht mit blutroter

Schrift: Prüfung sehr gut bestanden!

Name des neuen  en: Pitt.

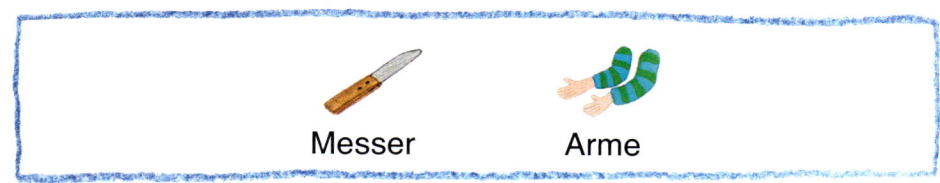

Pitt nimmt Benno in die  .

„Du bist auch ein  , Benno!

Jetzt bin ich ein echter  !

Und du hast mir dabei geholfen!"

Dann rudert Benno Pitt nach Hause.

Die  flattert im  .

Vom  aus sieht Bennos

jetzt richtig gefährlich aus.

Wind

Mein Piraten-Wörterbuch

 Abend

 Arme

 Auge

 Augen

 Bank

 Bär

 Bart

 Bäume

 Beutel

 Boot

 Brief

 Büsche

 Deckel

 Erde

 Fahne

 Fahrrad

 Fluss

 Füße

 Gartentor

 Hand

 Hände

 Haus

 Herz

 Holz

Hut

 Insel

 Karte

 Katze

 Kerze

 Kette

 Kiste

 Klappe

Kreuz

Kuss

 Lichter

 Loch

 Mauer

 Meer

 Messer

 Mond

 Münzen

 Nacht

 Papier

 Pirat

 Ruder

 Ruderboot

Säbel

 Stein

 Schachtel

 Stoff

 Schädel

 Tier

 Schatz

 Tür

 Schaufel

 Turm

 Schilf

 Ufer

 Schloss

 Weg

 Schlüssel

 Wellen

 Schuppen

 Welt

 Seil

 Wind

 Sonne

 Zeichen

Lese-Spaß mit der Lese Biene

Lesestufe 1   32 Seiten, ca. 30 Wörter pro Seite

ISBN 978-3-8000-5269-1   ISBN 978-3-8000-5336-0   ISBN 978-3-8000-5278-3   ISBN 978-3-8000-5332-2   ISBN 978-3-8000-5281-3

Lesestufe 2   32 Seiten, ca. 40 Wörter pro Seite

ISBN 978-3-8000-5270-7   ISBN 978-3-8000-5335-3   ISBN 978-3-8000-5279-0   ISBN 978-3-8000-5280-6   ISBN 978-3-8000-5331-5

Lesestufe 3   48 Seiten, ca. 60 Wörter pro Seite

ISBN 978-3-8000-5272-1   ISBN 978-3-8000-5271-4   ISBN 978-3-8000-5282-0   ISBN 978-3-8000-5334-6   ISBN 978-3-8000-5347-6   ISBN 978-3-8000-5330-8

Lesestufe 4   48 Seiten, ca. 100 Wörter pro Seite

ISBN 978-3-8000-5273-8   ISBN 978-3-8000-5274-5   ISBN 978-3-8000-5283-7   ISBN 978-3-8000-5333-9   ISBN 978-3-8000-5329-2   ISBN 978-3-8000-5348-3